Georg Schmitt · Les Oiseaux op. 150

Georg Schmitt
(1821–1900)

Les Oiseaux op. 150

Caprice pour Piano

Musikkritische Neuausgabe
herausgegeben von Guido Johannes Joerg

odiug noitide
2021

Bibliografische Information der Deutschen Nationalbibliothek:
Die Deutsche Nationalbibliothek verzeichnet diese Publikation in der Deutschen Nationalbibliografie;
detaillierte bibliografische Daten sind im Internet über http://dnb.dnb.de abrufbar.

odiug noitide 002
© Guido Johannes Joerg, 2021

Herstellung und Verlag: BoD – Books on Demand, Norderstedt

ISBN: 978-3-7543-4662-4

VORWORT

Mit dem vorliegenden *Caprice pour Piano* op. 150 in B-Dur mit dem Titel *Les Oiseaux*[1] (frz. *Die Vögel*) gilt es, einen nahezu vergessenen Komponisten wiederzuentdecken, der jedoch – neben seinen zahlreichen anderen Funktionen – für die französische Orgelmusik des späten 19. und frühen 20. Jahrhunderts von entscheidender Bedeutung gewesen sein dürfte: der am 11. März 1821 in Trier an der Mosel geborene Georg Gerhard Schmitt (verstorben am 7. Dezember 1900 zu Paris), der heute höchstens noch als der Komponist des *Mosellieds* „Im weiten deutschen Lande" und eines *Rheinlieds* mit dem Titel *Sehnsucht nach dem Rhein* und dem Incipit „Dort, wo der (alte) Rhein mit seinen Wellen" – und damit von Gelegenheitswerken, die seine wirklichen Leistungen und Fähigkeiten nicht im Entferntesten widerspiegeln, – ein schwacher Begriff ist. Bereits als elfjähriger Knabe hatte er – vorerst provisorisch – die Nachfolge seines früh verstorbenen Vaters Johann Georg als Organist an der Hohen Domkirche St. Peter zu Trier angetreten; nach zwei Studienjahren im westfälischen Münster wurde er dann 1835 offiziell zum Trierer Domorganisten ernannt. Sieben Jahre später musste er seine Stellung aufgeben (die Umstände verblieben bis heute im Ungewissen) und 1845 übersiedelte er nach Paris, wo er seine Studien am Musikkonservatorium fortsetzte – unter anderem bei Jacques Fromental Halévy (1799–1862), einem Meister der französischen *Grand Opéra*, was einigen von Schmitts Kompositionen (und nicht nur seinen großangelegten und -besetzten Oratorien) durchaus anzuhören ist. Ab 1846 war er dann wieder als Organist tätig. – Sein Lebenslauf zeigt also deutliche Parallelen zu denjenigen zahlreicher anderer deutscher Musiker seines Jahrgangs, denen es gelang, in Paris, *der* europäischen Musikhauptstadt des 19. Jahrhunderts schlechthin, zu reüssieren – man denke bloß an den Rheinländer Jacques Offenbach (geboren 1819). Wie jener hatte auch Schmitt – allerdings nur zeitweise – dem Unterhaltungsgewerbe der Seinemetropole in den Zeiten des *Second Empire* seinen Tribut gezollt: unter seinen zahlreichen musikalischen Kompositionen finden sich nämlich auch mehrere französische Operetten.

---

[1] In dem von Wolfgang Grandjean erstellten *Georg-Schmitt-Werkverzeichnis* (GSWv) ist die Komposition als „P-35" (S. 507) unter der Rubrik „Klavierwerke" eingeordnet; siehe Wolfgang Grandjean, *Orgel und Oper : Georges Schmitt 1821–1900 – Ein deutsch-französischer Musiker in Paris – Biographie und Werk mit einem Werkverzeichnis und einer Notenbeilage.* – Hildesheim u. a.: Olms, 2015. (Musikwissenschaftliche Publikationen, 43).

Von 1850 bis 1863 war Georg Schmitt Titularorganist an der katholischen Kirche St. Sulpice im Pariser Stadtteil Saint-Germain-des-Prés. Die auf ein Instrument von François-Henri Cliquot aus dem Jahre 1781 zurückgehende Orgel des Gotteshauses wurde – zweifellos auch auf sein Betreiben hin – im Jahre 1862 von dem bedeutenden französischen Orgelbauer Aristide Cavaillé-Coll (1811–1899) wesentlich erweitert und mit einhundert Registern zu einer der größten Orgeln der damaligen Zeit in Europa ausgebaut. Schmitt spielte als Erster auf diesem Instrument, aber bereits ein Jahr nach dem Orgelneu- beziehungsweise -umbau wurde er – auch infolge der Interventionen des Orgelbauers, der sich für die Komponisten und Organisten Louis James Alfred Lefébure-Wely (1817–1869) und Charles-Marie Widor (1844–1934) fördernd einsetzte, – durch einen bekannteren Organisten ersetzt: Lefébure-Wely, der von 1847 bis 1857 bereits an einer von Cavaillé-Coll neuerbauten Orgel in der Pariser Kirche La Madelaine als Organist tätig gewesen war, trat 1863 das Amt des Titularorganisten von St. Sulpice an und hatte es bis zu seinem Tode inne. Auf ihn folgte Charles-Marie Widor, dessen Name geradezu zum Synonym für die Orgel von St. Sulpice wurde (oder diese für ihn) – auch deshalb, weil er sie mehr als sechzig Jahre lang spielte und weil seine eigenen Orgelkompositionen wie wohl keine anderen das Klangideal der Cavaillé-Coll-Orgel unmittelbar feiern. Mit Widor und seinen Amtsnachfolgern Marcel Dupré (1934–1971) und Jean-Jacques Grunenwald (1973–1982) waren kontinuierlich einige der bedeutendsten französischen Organisten und Orgelkomponisten für meist sehr lange Jahre in St. Sulpice tätig. Georg Schmitt jedoch wechselte 1863 als Organist an die Kirche St. Germain-des-Prés und dann 1877 nach St. Joseph des Allemands, das katholische Gotteshaus der deutschen Gemeinde von Paris (heute St. Joseph Artisan), wo er bis zu seinem Lebensende als Kirchenmusiker wirkte. Neben seinem Organistenamt war er ab 1857 auch Orgellehrer an der vier Jahre zuvor von Louis Niedermeyer (1802–1861) gegründeten und bis in unsere Tage existierenden Kirchenmusikschule, jener geradezu legendären *École Niedermeyer de Paris*, die unzählige bedeutende Musiker (nicht nur Kirchenmusiker) hervorgebracht hat; außerdem setzte er sich für die Pflege des Gregorianischen Chorals ein und arbeitete für mehrere Musikzeitschriften. Als Lehrer beeinflusste er zahlreiche Komponisten der jüngeren Generation; mit seinem *Nouveau Manuel complet de l'Organiste* hatte er ein Standardwerk zur Orgelgeschichte, -technik und -musik vorgelegt; und als Herausgeber des vierbändigen *Le Musée de l'Organiste*, einer Zusammenstellung von einhundert fremden und eigenen Orgelwerken zum liturgischen Gebrauch, beförderte er neben der klassischen auch die zeitgenössische Orgelmusik von Organisten- und Komponistenkollegen wie etwa Camille Saint-Saëns oder César Franck.

Wie seine berühmte(re)n Nachfolger im Amt des Titularorganisten von St. Sulpice schätzte Georg Schmitt die französische romantische Orgel und die erst durch diese ermöglichte orchestral-sinfonische Orgelmusik, wie sie sich in Frankreich ab der Mitte des 19. Jahrhunderts ausgeprägt hatte – eine Entwicklung, an welcher er zweifelsohne einen nicht unwesentlichen Anteil hatte. Die meisten seiner eigenen Orgelkompositionen sind ihrem Wesen nach ganz eindeutig für ein solches Instrument geschrieben, und die in den Druckausgaben vermerkten Registrierungsanweisungen können eindeutig den Werken und Registern der großen Cavaillé-Coll-Orgel in St. Sulpice zugewiesen werden. Die meisten Orgelwerke Georg Schmitts können sich durchaus mit denjenigen seines Amtsnachfolgers Lefébure-Wely messen lassen; der von beiden (und natürlich auch von etlichen ihrer Zeitgenossen) kultivierte Kompositionsstil fand dann in der ebenso expressiven wie plakativen und effektvoll-vordergründigen, dabei jedoch technisch höchst anspruchsvollen Orgelmusik Widors seinen vorläufigen Höhe- und Zielpunkt.

Schmitts Klavierstücke sind zumeist für seine Schülerinnen und Schüler entstanden und wurden diesen oftmals zugeeignet. Sein *Caprice pour Piano* op. 150 trägt die Widmung „à Mademoiselle Dora Tont.", vermutlich ebenfalls eine seiner vielen Schülerinnen aus „gutem Hause". Der Familienname Tont ist aus Schmitts Biographie bekannt: ein Sebastian Tont war bis 1841 Vormund von Georg Schmitt in Trier; er beteiligte sich 1848 an der Revolution und kam in Haft. Sein Bruder Andreas Tont floh vor der Verhaftung für einige Zeit nach Paris – er hätte dort auch in Kontakt mit dem Komponisten und Organisten getreten sein können. Wie Dora Tont mit jener Trierer Familie in Verbindung stand, war nicht in Erfahrung zu bringen; auch keine weiteren biographischen Details zu ihr ließen sich auffinden.

Titel- und erste Notenseite (S. 1) der Erstausgabe von Georg Schmitts *Les Oiseaux* (1878).

Die in einem schönen, mit einem Umfang von sieben gezählten Seiten aber recht schmalen Heft veröffentlichte Erstausgabe von *Les Oiseaux – Caprice pour Piano* op. 150 (im Gegensatz zu Schmitts Orgelstücken sind zahlreiche seiner im Druck veröffentlichten Klavierstücke und Lieder mit Opuszahlen versehen) sollte zweifellos Eindruck machen – dafür spricht schon die aufwändig gestaltete Titelseite (sie ist mit „L. Denis" signiert – der Name eines Künstlers, von welchem nichts weiter in Erfahrung zu bringen war, und wurde in der „Imp. Bertauts, Paris", einem führenden druckgrafischen Unternehmen jener Zeit, hergestellt und gedruckt). Der Verleger Charles Alard (1837–nach 1878) war ein in Belgien geborener Klavierbauer und Komponist, der sich 1877 und 1878 in Paris als Musikverleger engagierte; anschließend verliert sich sein Lebensweg. (Das Notenheft, welches von der renommierten Pariser Firma „Imp. Michelet" gestochen und gedruckt wurde, ist mit der Druckplattennummer „C. A. 200." versehen.) Folglich sind in diesem Pariser Musikverlag auch nur wenige Werke Schmitts veröffentlicht worden. – Bei der Komposition handelt es sich um eine Art von Etüde vor allem für die Geläufigkeit der rechten Hand, die vom Charakter her sehr eindeutig der europäischen Salonmusik des ausgehenden 19. Jahrhunderts nahesteht. Das dreiteilig aufgebaute Stück, dessen Druckausgabe mit dem Jahr 1878 zu datieren sein dürfte, ist eine von Georg Schmitts typischen Kompositionen für Klavier, bei denen es sich zumeist um unterhaltsam(er)e Charakter- und Genrestücke handelt, nicht zu schwierig ausführbar, aber effektreich für den Vortrag im häuslichen Salon. Im vorliegenden Falle entsprechen diese Effekte – die triolischen Bewegungen vorwiegend der rechten Hand –, ganz dem programmatischen Titel der Komposition, erinnern sie bei zügiger Ausführung doch durchaus an Vogelgezwitscher.[2]

In Frankreich ist Georg Schmitt und sind seine Werke mittlerweile ebenso in Vergessenheit geraten, wie in Deutschland (darüber täuschen auch gelegentliche Wiederbelebungsversuche in seiner Vaterstadt kaum hinweg). Dafür, dass seine Musik durchaus ihre Qualitäten hat und auch heute noch einen angemessenen Platz zu finden vermag, will die vorliegende musikkritische Neuausgabe Erstausgabe den Beweis antreten. Möge dieses Musikstück, das als virtuoses Stimmungsbild ein Klavierrecital zu bereichern vermag und ebenso als Encore taugt, also recht bald zahlreiche neue Freunde finden!

im Herbst 2021,
Guido Johannes Joerg

---

[2] Wird ein Grundtempo von etwa *M. M. Viertelnote = 70* gewählt, dann beträgt die Aufführungsdauer der Komposition etwa fünfeinhalb Minuten; auch ein rascheres Tempo wäre vorstellbar (bei deutlich langsamerem Vortrag verliert sich der Eindruck von Vogelgezwitscher). Eine gewisse Agogik ist gewiss erlaubt, und der mittleren (Trio-)Abschnitt ab T. 58, wo die triolischen Bewegungen in die linke Hand wechseln, um der rechten Raum für eine kantablere Melodie einzuräumen, darf sicher etwas verhaltener genommen werden.

Les Oiseaux
Caprice pour Piano op. 150

Georg Schmitt (1821–1900)
herausgegeben von Guido Johannes Joerg

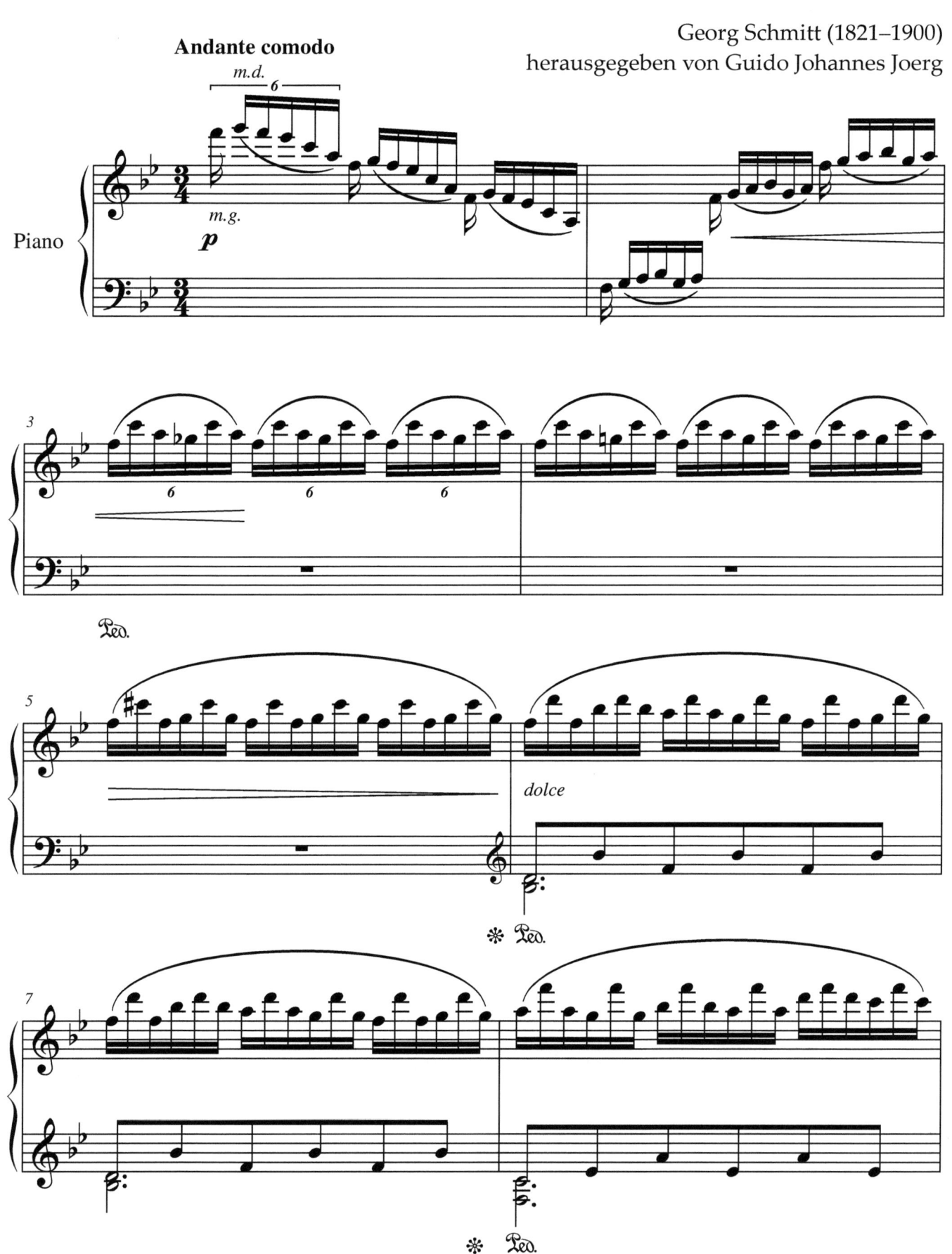

12

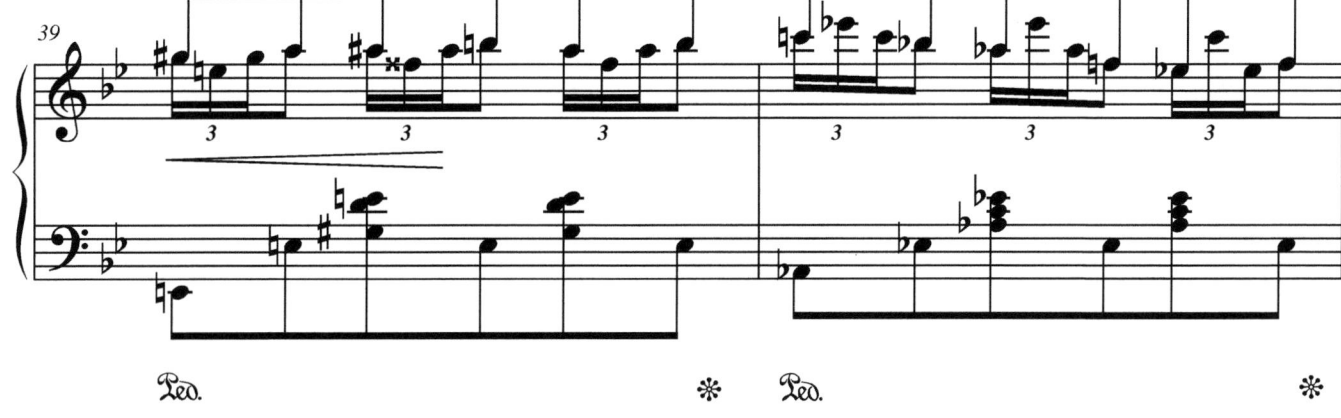
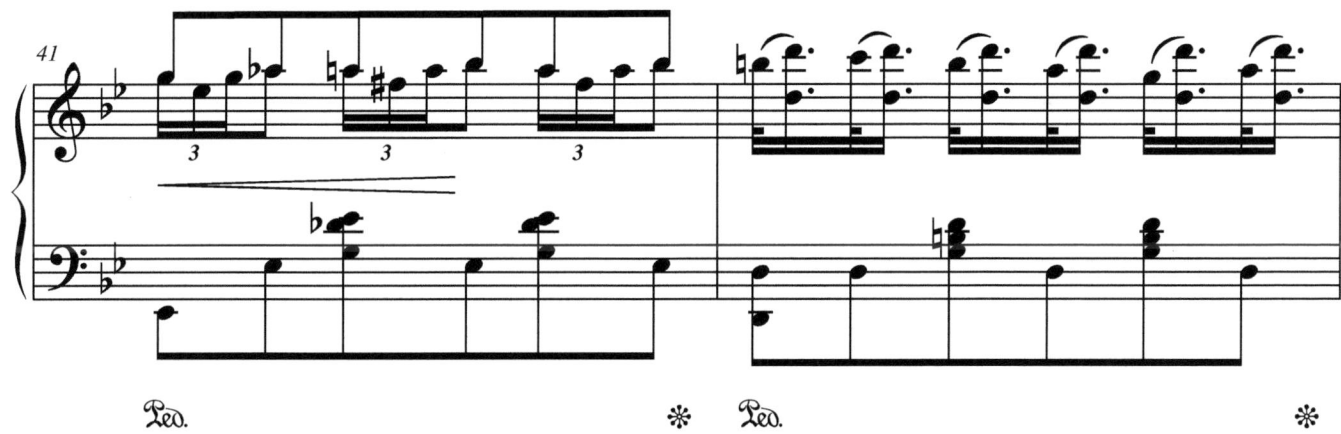
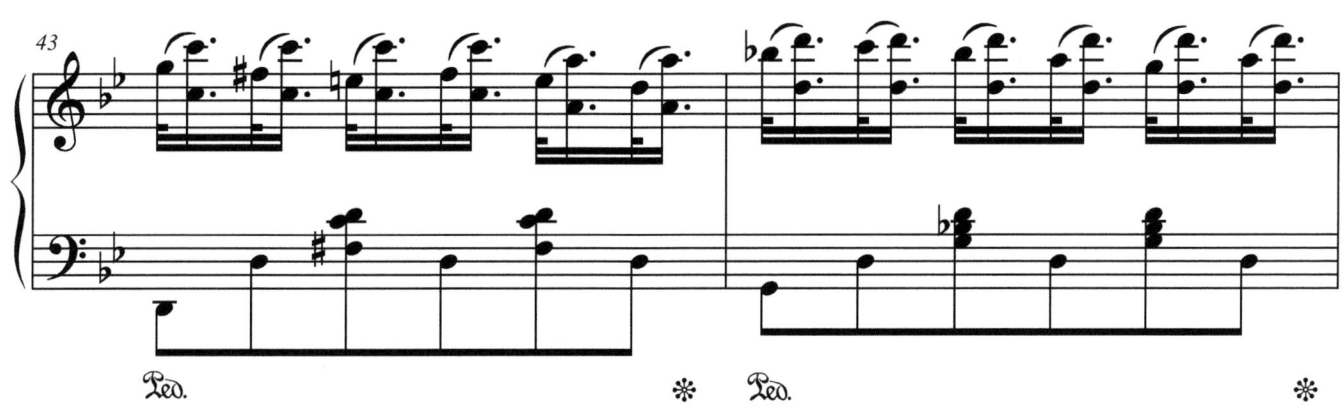

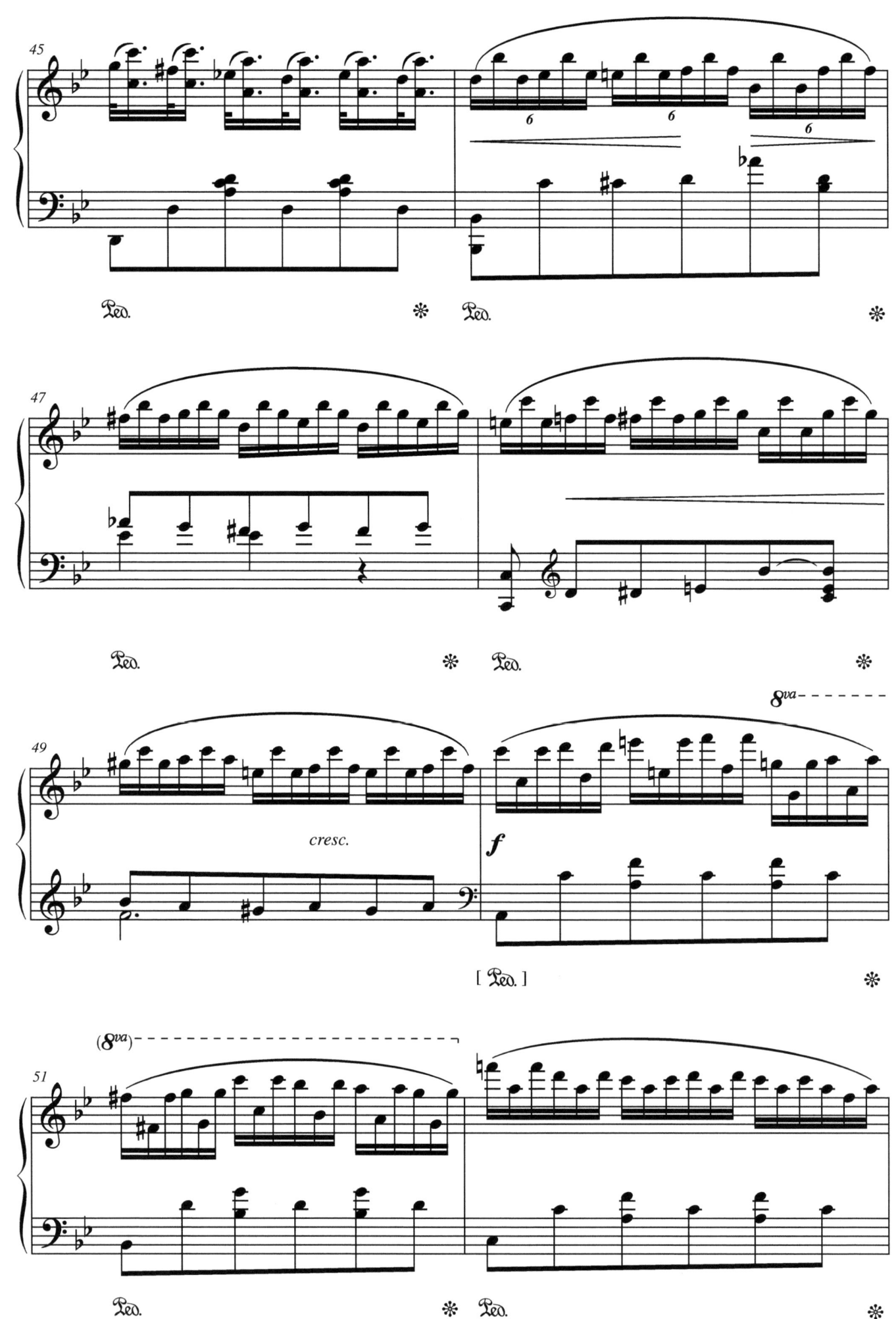

14

16

18

20

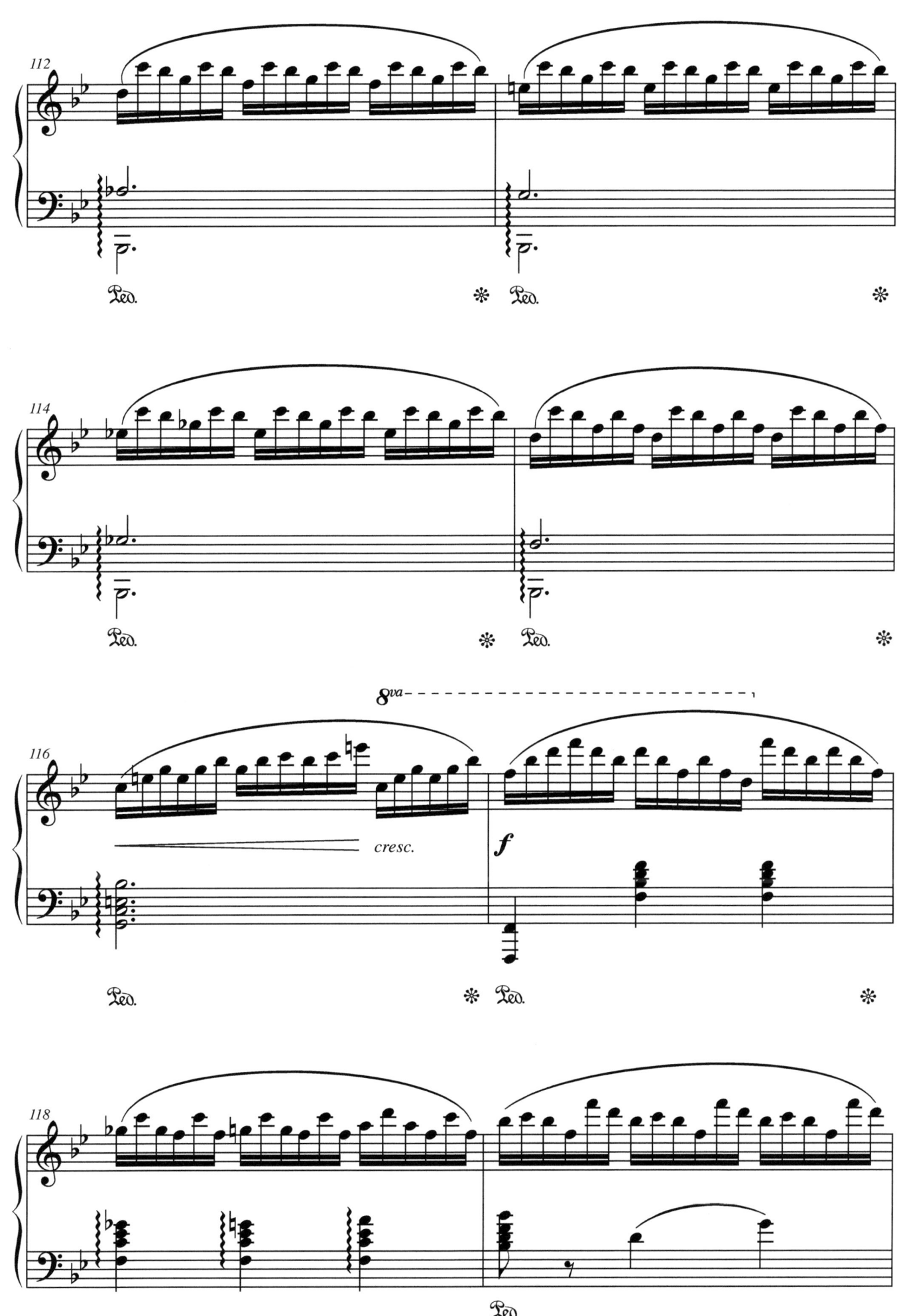

KRITISCHER BERICHT

Bei der Druckausgabe von Charles Alard, der Vorlage für die musikkritische Neuausgabe, handelt es sich um ein schmales Heft im Umfang von sieben gezählten Seiten und versehen mit einer grafisch aufwändig gestalteten Titelseite. Auf dieser wird das Klavierstück verzeichnet als:

> *A Mademoiselle Dora TONT.* | LES OISEAUX | CAPRICE | POUR PIANO | PAR GEORGES **SCHMITT** | *Imp. Bertauts, Paris* | *Op:150 – Prix:6ʄ* | Paris, **C. ALARD**, Editeur, 22, Rue du 4 Septembre, (à l'Entresol) | COMMISSION, Agence Artistique, Vente et Location de Pianos, EXPORTATION. | *Propriété pour tous Pays.*

Die erste Notenseite (S. 1) nennt als Titel:

> LES | **OISEAUX** | CAPRICE POUR PIANO. | Par | GEORGES **SCHMITT**. OP. 150. | à Mademoiselle DORA TONT.
> […]
> *Paris C. ALARD Ed. 22 r. du 4 Septembre.*
> C.A.200.

Die Druckplattennummer ist mittig im unteren Rand jeder der von „1" bis „7" durchgezählten Seiten eingedruckt. Auf S. 7 steht im unteren Seitenrand, rechtsbündig mit dem Satzspiegel:

> Imp. Michelet et Cie 6 r. du Hazard.

Die vorliegende Ausgabe folgt dem Pariser Erstdruck. Die nicht immer vollständige, teilweise inkonsequente und gelegentlich fehlerhafte Vorzeichensetzung wurde ergänzt, verbessert und modernisiert. Notwendige Warnakzidentien wurden ergänzt, überflüssige weggelassen. Offensichtliche Fehler des Erstdrucks wurden korrigiert.

Abkürzungen

Pf. = Pianoforte, m.d. = *mano destra* (rechte Hand), m.s. = *mano sinistra* (linke Hand), O. = Ober-, U. =
Unterstimme

T. = Takt, ZZ = Zählzeit im Takt

o.ä. = oder ähnliches, vergl. = vergleiche

Einzelanmerkungen

Position (Takt, Zählzeit) | Stimme | Anmerkung

1 | Pf. | „Andante commodo" [sic!] statt „Andante co-
modo"

1 | 1 | Pf. | Sextolenzeichen („6") und -klammer feh-
len

3, 46 | 1, 2, 3 | Pf., m.d. | Sextolenzeichen fehlt

6 | 2 | Pf., m.d. | die erste Sechzehntelnote der Sextole
könnte *a''* sein, die Hilfslinie fehlt jedoch (vergl.
T. 7, 10, 11, 18, 19, 22, 91, 92, 103, 104)

6 | 2 | Pf., m.d. | die sechste Sechzehntelnote der Sex-
tole ist *b''* statt *g''* (vergl. T. 7, 10, 11, 18, 19, 22, 91,
92, 103, 104)

7 | 1–3 | Pf., m.s., O. | Achtelnoten *d' – b' – f' – b' – f'
– b'* statt *d' – f' – b' – f' – b' – f'* (vergl. T. 6, 10, 11,
18, 19, 22)

12, 102 | 3 | Pf. | Aufhebungszeichen für *Ped* fehlt
(vergl. T. 97)

13 | 3 | Pf., m.d. | # für *fis'''* fehlt (vergl. T. 98)

16 | 1 | Pf., m.d. | Akzentzeichen (*martellato*) statt Ak-
zentzeichen (*marcato*) (vergl. T. 15)

16 | 1 | Pf., m.s. | weitere (überzählige) Viertelpause

20 | 1–3 | Pf. | kürzere *crescendo*-Gabel für die 2.–
3. ZZ (vergl. T. 105)

22 | 2–3 | Pf. | kürzere *crescendo*-Gabel für die zweite
Takthälfte (vergl. T. 107)

23 | 2 | Pf., m.d., O. | die zweite Achtelnote ist *b'* statt
as'

23 | 3 | Pf., m.d., O. | Achtelnoten *as' – g'* statt *g' – f'*

27 | 1 | Pf., m.s., O. | # fehlt (vergl. Pf., m.d.)

34 | 3 | Pf. | Triolenzeichen („3") fehlt

35, 36, 38, 39, 40, 41 | 1, 2, 3 | Pf. | Triolenzeichen fehlt

35 | 3 | Pf., m.s. | Auflösungszeichen für *g* statt *ges*
fehlt (vergl. Pf., m.d.)

50 | 1–3 | Pf., m.d. | zwei kürzere Phrasierungsbögen
für die 1.–2. und die 3. ZZ

58 | 1, 2, 3 | Pf., m.s., O. | Sextolenzeichen fehlt

60, 61 | 1–3 | Pf., m.s., O. | Phrasierungsbogen fehlt

64 | 1 | Pf., m.s. | die fünfte Sechzehntelnote der Sex-
tole ist *e''* statt *fis''* (vergl. 2., 3. ZZ)

64 | 1 | Pf., m.s. | die sechste Sechzehntelnote der Sex-
tole ist *d''* statt *e''* (vergl. 2., 3. ZZ)

68 | 2 | Pf., m.s. | die erste Sechzehntelnote der Sex-
tole ist *g'* statt *es'* (vergl. 1., 3. ZZ)

74 | 2–3 | Pf. | die längere *crescendo*-Gabel reicht bis
zum Notenkopf der ersten Note in T. 75

78 | 1 | Pf., m.s. | das ♭ für *es'* (Warnakzidentie) ist
original

79, 80 | 2 | Pf., m.d. | die Oktavierungsanweisung be-
ginnt bereits mit der letzten Sechzehntelnote der
1. ZZ (vergl. T. 81)

91 | 1 | Pf. | ein dem „a tempo" vorausgehendes „rit."
o.ä. fehlt (die Anweisung könnte sich auf eine – im
Erstdruck freilich nicht ausgewiesene – Zurück-
nahme des Tempos im mittleren (Trio)Abschnitt
ab T. 58 beziehen)

97, 117 | 1–3 | Pf., m.d. | Phrasierungsbogen fehlt

97 | 3 | Pf., m.d. | ♮ für *e'''* fehlt

98 | 1 | Pf., m.s. | die zweite Achtelnote ist *f'* statt *a'*
(vergl. T. 13)

98 | 2 | Pf., m.s. | der erste Klang ist *a – c' – d'* (das ♮
für *c'* ist zu tief platziert, wie für einen Notenkopf
h) statt *a – h – d'* (vergl. T. 13)

98 | 3 | Pf., m.s. | der erste Klang ist *a – c'* oder *cis' –
g'* statt *a – cis' – e'* (vergl. T. 13)

99 | 2, 3 | Pf., m.s., U. | Viertelpause fehlt

105 | 1 | Pf. | *Ped* fehlt

105 | 1–3 | Pf. | kürzere *crescendo*-Gabel für die 1.–
2. ZZ (vergl. T. 20)

117 | 1 | Pf., m.s., U. | Viertelnote G_1 statt F_1 (vergl.
Pf., m.s., O.)